南方旅者
TRAVELLERS TO THE SOUTH

作者: 丹尼爾·皮克夏德斯 Daniel Pixiades（加拿大）
翻譯: 蔡泽民 Tzemin Ition Tzai（台湾）

書名：南方旅者

作者: 丹尼爾·皮克夏德斯 Daniel Pixiades（加拿大）
翻譯: 蔡泽民 Tzemin Ition Tzai（台湾）

出版、發行：藍奇屋學術出版社
Copyright © 2022 by 丹尼爾·皮克夏德斯（Daniel Pixiades）
國際書號：ISBN 978-0-473-63474-2
版式設計/統籌校對： ALL SOULS POETRY
初版：2022 年 5 月
定價：人民幣 60 元
美金：15.00 元

All rights reserved. No part of this book may be reproduced, stored in a retrieval system, or transmitted in any form or by any means without written permission from the author, except for the inclusion of brief quotations in a review.

　　丹尼爾·皮克夏德斯,塞爾維亞、斯洛伐克與伏伊伏丁那等作家協會的會員,1931年7月5日出生於前南斯拉夫（現為塞爾維亞）的基薩克(Kisac),並在公立師範學院的任教20年,其間,他創作兒童和成人的短篇小說和詩歌從未間斷。

　　1974年,丹尼爾與家人移民到加拿大。他在安大略省桑德貝的萊克黑德大學（Lakehead University）擔任保管人。他在新家中繼續文學追求,寫詩和散文,包括對來自前南斯拉夫的其他前愛國者作家的文章和評論,同時擔任多倫多報紙Nase Novine的詩歌編輯。他書中許多詩首先都在Nase Novine發表。而後,就在歐洲各地選集出版。目前,他的作品已被翻譯成多種語言,並在加拿大和美國出版。

　　已出版的作品如下：
　　2014年,他的回憶錄兩卷中的第一卷,即《不分先後的筆記 I II》(Zapisi bez redosleda)。沒有特別順序的2018筆記 I（Zápiskybez poradia）。

　　出版的塞爾維亞語之成人文學：
　　2003-待在外面（Biti izvan）
　　2005-向祖國的心臟（Ka srcu zemlje）

2006-向各個方向向北（Odasvud sjever）
2017-慶祝飲水（Svečanostvode）
2017年-通往星空的路標（Putokaz ka zvijezdi）
2017年-南方的乘客（Putnici na jug）
2017年-弗里斯汀和其他（Prvijenci i ostaci）

出版的塞爾維亞語之兒童文學：
2018年-太陽的乘客（Sunčaniputnici）
斯洛伐克語之成人文學：
1974年-海浪，錨點，海浪（Vlny cotvy vlny）
2009年-聽到後的飛行（Ulet za srdcom）
2014年-犁過的天空（Zbrázdenénebo）
2016- Flows（託基）
2017年-我向樹苗鞠躬（Klaniam sa trsu）2018年-萬花筒（Kaleidoscope）

出版的斯洛伐克語之兒童文學：
2009-海洋王國（Morska risa）
2015年-小魚齊亞拉（Rybka Ziara）
2017年慶典（Slávnosť）
2017年-週日的乘客（Slnečnípútnici）

出版的英語之成人文學：
2011年-Interlude
2017年-通往星際TR的路標。S.P. -LULU PRESS
2017-慶祝水tr。聖路易斯出版社
2019-邁向星際旅行的路標-J.S. Smith和I.Radmanović-AMAZON
2019-慶祝水tr。史密斯（J.S. Smith）和拉德曼諾維奇（I.Radmanović）-亞馬遜

目錄
序言: 6

第一：種子
南方旅者/7
花典/9
詩/10
故事/11
過去的最後光芒/12
種子/14
街道/15

第二章：岸涯
岸崖/16
大草原/18
作物/19
旅者/20
以鳥的榮譽/21
工資/23
雙方/24
永恆/25

第三章：願望之鄉
願望之鄉/27
腳步/29

第四章：往者與將臨
最後一步/37
孤獨/40
飛行/42

照片形象意涵與形而上學

對於丹尼爾·皮克夏德斯（Daniel Pixiades）而言，詩歌創作不是一向普通或虛構的創造性行為，而包含更多。實際上，寫作對他來說是一種生活方式，是思考，體驗和理解世界的真理與正義方式。因此，在他的詩歌中有許多倫理、哲學和形而上學的前提，可說是非常複雜和突出的。

許多經文都帶有抒情色彩，隱藏的複雜性和象徵性的分層，帶來了一系列的問題（我的路往何處去，陰影在哪裡行走……），困惑和反思，這些問題並非幼稚或巧合。相反，詩人被他自己和他人的命運深深地追問和構思。詩人的道德困境和修辭問題並不總是能得到回答，只能像詩"舒爾斯"那樣被感知或假定。

丹尼爾詩歌的第二個語義維度是他的繪畫主義，即藝術性。也就是說，許多詩似乎已經轉移到畫布上或從畫布上轉移出來，並且它們只需要靈活一點，就可以由文字開始，導致圖片的最終外觀。實際上，這表明這位詩人努力向讀者盡可能準確和真實地展示他想說和描述的內容（"前者和未來"）。

通過這本書，丹尼爾圓滿地提出了一種可識別但非常有說服力的創造性思維方式，它具有令人羨慕的藝術分量和價值。

米盧汀·杜里奇科維奇博士
(DR Milutin Đuričković)

第一章：種子

南方旅者

他們從南方起飛
隨著溫暖的風
來自天上的灰色乘客
他們旅行有時零落
有時一起和有時分離
在灰裡泛白色和白裡泛灰的日子
航向他們知道的
單向之旅
往哪兒去？
往哪兒去？
冰川行行停停
在當下溫暖晴朗的
白茫茫與河面上的淡藍旅客中
他們的旅行時而輕鬆時而勉力
挨著彼此
他們知道哪兒
該同往之
往哪兒去？
往哪兒去？
我的思我的旅程
充滿痛苦和希望
如飢渴小鳥
他們在地球和天空邊緣

某處
沒有盡頭的地方
旅行、成長和流血
某處
某處的該處
唯有我知道
他們浪跡何方
這些天上的旅行者
即使我向來依靠知曉這一切

花典

在一天的十字路口
生活指針
牽引飢餓的海鷗
在風中
在白雪皚皚的死亡浪潮中
在感嘆的空間
牽引
在不眠之夜
慾望難以言喻
至冰冷的天空下
與霧共行
直入永不還鄉
在一天的十字路口
路邊
某人翅膀折翼
某人的眼睛
被霜針
刺傷
最後一滴
憎恨擠壓無遺
以致
最後徘徊
在他們只剩緊
縮緊在兩個世界之間的
明日巢穴上
從中
只能惟一留存

在一天的十字路口
取代痛楚
花之派對為開…!

詩

我聽到你的詩,看到你的眼
但好像我無法理解
那因你流血的困惑
又如同你在我孩子的腳步中漸漸消失
你很開心
如籠中鳥
那一處已遙遠
太遠了
您守忠於只剩我們在哭泣的
最後的燦爛

故事

誰說我是個流浪漢?
黑眼圈
徘徊岸邊。
像個鬼
挨著那不知從城市裡
何處竄出的
骯髒河邊,
伸出根部尚存一息
的白楊樹。
像那艘被下咒的船
以一件昂貴的貨品
參訪了
所有風雨如磐的海洋
散落在何人知所在。
像一個昏昏欲睡的盲人
沒有人需要
沒人為之...感到遺憾

過去的最後光芒

那兒,在最後的光芒之外,
貝殼和化石的世界,
無可捉摸,
正等著我。
沒被發現的前世驚呆了,
被未知寵愛和修剪,
長久以來
我扮演洪水的歷史。

我無能為力解釋我的根。
連為什麼苔蘚生長在南側。
你將在命運中迷失自己
渴望通過那
永遠不知道何時會坍塌
復活無望的草原。
你將隨雲飄泊,
試圖找出祖先的思維,
昏然睡去
因為發生在赤紅北國
以鮮血澆灌的一切。

在那兒,最後一道光芒,
水和風中
說不出的圖像
正在形成,
合理化,智能化,脫離身軀,
被那消失於憤怒和寬容打擊中

的男人耐力裡
巨大的廢墟驗明。

在那兒，路正中，剛逝去的最後一道光芒，
我應該停下來，埋葬自己嗎

讓我的思緒潛入
逝去的月光之石邊界裡，
讓我放逐在我所敬愛的
禱文與上帝聖言之中，別高高在上。
不要懷疑，我在潰敗的世界中繼續戰鬥。
因為我將永遠找不到我的開始和結束。
化石般的貝殼傳頌著永無止境的童話故事……

種子

有關那座沒有海貝殼在咕嚕的海。
那是充滿活力聲音和理念的歌,
很久以前反射太陽光線的方向。
是來自舊有
沒有壓力與風處
嘲諷的經文意圖之聲。
好像是被旗幟彎成弓形,
其在眼中主宰
整個夏天和秋天。
一艘老舊的船停在外國港口
挑戰著時間和黑暗。
隨著憂愁之血
的波濤。
我想念幼兒們跑來跑去
在無盡的日子裡
純白,哭泣,提琴
和所有帶著花的床味兒。
荒野還沒有寫進詩歌,
尚未談及那星星,儘管已落下
, 在我們之間-使我們變得更強大-
搶先依舊盛開!
而唉呀逃脫了懷抱
追隨已知的需求
在無盡創造的故事中,
未免過於黑暗。
不存在的海中
貝殼喃喃 我的幸福,偉大的幸福!

街道

在血泊中我流連忘返
於這半夢中找不到結尾
沉浸在這走到體面的底層
前往誘惑觸摸著螞蟻之路徑
衡量時間流逝 降解 異化
執行數千個相互衝突的動作
在負擔得起的中午
與被拒絕的午夜
我安靜地前進
心中的風暴長得比我還大
令我眼中的光芒自我流淌
小腿的誘人漫漫
不會在十字路口停下
卻刺破黑暗撕碎了它
被太陽的根遠離
如此頻繁
我竟如此過度頻繁遨遊自我
航向那街道盡頭
我竟然如此常看不到它們的盡頭
如此常進入沉思
在我的疏離下
我迷失方向在一片水域中
在夢中，在半夢之中
現實橋樑
迷惑的春天
將團結這條街
　　它一定會…

第二章：岸涯

岸涯

那馬茂密肥美而野，阿拉伯，阿帕盧薩斯
後腿背
在譫妄而瘋狂的種族末端
朝向我萌芽的世界
朝向另一時間
的腫脹乳房
朝向擔心不再豐滿的時候
但同時，朝向這個警告時刻
朝向承受災難
卻幸福依舊之處
此刻
我熱情洋溢的馬停了下來
耀武揚威
因為他們還不黯度過
河流和深淵
飛躍征服懸崖和水域
願望與夢想
他們停下來
好像埋在猶豫不決的泥濘
好像迷失在搜索迷霧中一樣
好像在冒泡中被肢解
如同早晨的光暈迷茫
卻自我醒覺

在這裡岸
在那裡岸
誰將過渡到另一邊

誰將走向燦爛的目標
不須流血
不用痛苦
沒有驚呼
而誰將
過渡到另一邊
誰會
誰會
在勝利中唱歌

大草原

太陽在乾草上蔓延，這是生活！
在現實的刀口上，那瞬息王朝
每個人都在追求財富…
　（在家園上，在家園上…）
這裡大草原之狼的
嚎叫聲正在耕作一道最後的轍跡，
冬天佔領之地，
夏日化為一道笑聲
沒有看到運氣，沒有令人信服的美德——一隻罪行
　（因為最後的上帝將忠誠於所歷經的一切成長與過度成長）
此處與大草原緊密接觸，
彷彿這是眾人土地的笑聲
與大家的願望，而非恐懼。
活像我們所有人都在廣闊的草叢和小麥田中陷入困境一樣，
試圖通過聲音和努力逃脫之處，
並在為一手現實中等待
一滴血的光芒，我們的和別人的。
看，遠方在呼喚我，就像我是一個奴隸般
此處他方，
因我是靠近國家的夢想，我的父親在那兒
一顆星，唯一的一顆
更是一顆種在太陽的種子。
在這裡，你可以沿視線方向移動，
感覺和治癒傷口
在未來的日子裡，
耕地，反正。
　光明與黑暗中

並肩移動!
　在異國的戰場...

作物

尖叫聲不那麼安靜也不刺耳,
與雪接觸時有些哭泣,
迴聲或許只是輕輕的嘆息,
也許是來自遙遠的聲音
在心中意外地甦醒。
也許是一首歌，在眼中閃耀。
也許是一根手指的撫觸
甚或是一張張開嘴的喃喃。
這裡矗立著一座山。尖銳的山頂。
寒冷夜晚的手掌,
尋找光芒;
冰凍的手掌顫動著,
一隻蒼蠅深陷蜘蛛網…
這間小屋
一片白色森林,
在熊的夢中休息。
一個關於夏日的童話
懸浮於葉脈之中,
於窗的疼痛上燃燒。
等待-一切平靜下來;
山上的銀色種子衝刷而下,
死亡擁抱了所有生命
常春藤毒藥修補了深層的冰霜。
哭聲仍然依稀可聞。
距離在迴盪。
然後所有的生活成就
一個充滿悲思的和平.

旅者

在高速公路旁,
第一滴春雨,
交通標誌之間
那兒光在風中搖擺,
鄰近麥金托什河上的橋,
晨曦中,一個男人心中
充滿希望挺立。
一個飽受壓力的人:
他肩上的一切,
需要採取什麼
以擺脫
這個漫長的冬。
一個不在乎方向的男人,
自一個瘋狂世界
盡速遠離!
一千輛車
從一邊到另外一邊-
他必須等待那仁慈停下的
第一千零一輛...
在遠方的曠野中
療傷治癒。
舉著拇指的男人
滿是哀嘆。

以那鳥的榮譽

是那星塵
某人悔恨的午夜漩渦
誰以他們的名字和鮮血
來到世界善惡之間的邊界
（掛在空中
從未掌握關於
它開始強大和脆弱的真相）
是中午的太陽
伸展於人與秘密之間
煉獄的慾望
和汙穢水域的洪水
那兒
的流動沒有方向
深處無魚
波浪無光
淘氣中不起泡沫
沒有味道，所以可以滿足口渴的鳥
只能在飛行中停息一次
挑一個在草原的原始初選
到處都是神奇的
萌芽為了然目的為何者。
到什麼程度和水準
是那些世界的主人
沉沒在泥濘的空間
在攀爬的腳下
刺穿有多遠
他們在哪裡找到自我

甚至當採摘的苦難遺留下來的時候
他們以罪惡和言語掩飾自己

劍懸腰上
邪惡地微笑著
遭受根底的
痛苦
在苦楚的漩渦中
他們的花壇在撒謊,
銹蝕閉起眼睛
在廢墟中
我們建造屬於他們的紀念碑
除鳥的榮耀再無其他。
調查掛在他們身上
有如冰矛
因為不知道
他們將往何處而去。

工資

刺眼聖徒
在特殊的遊戲中,在深夜,
在明亮的街道上,在十字路口;
在每個角落後面。
無家可歸的人在大樓前
打著赤腳和靜默的陣容壯大了一倍
在假期裡...
今日趕緊飽餐一頓,
因為明天可是一無所有。
沒有憐憫,沒有微笑,
更沒有教會神父的平和面孔,
禮拜堂門旁的塑膠容器中
依稀不聞硬幣聲響。
甚至明天在小鎮的人行道上
合唱團將演唱不同的歌曲;
凱迪拉克的司機會很認真
不會為無家可歸的孩子讓出空間
而他們原應每天吃得飽飽。
五顏六色的氣球一彈而出
聖父將進入祭壇的事務:
將手按在罪人的靈魂之上。
希望重複三遍
逐年擺脫貧困:
聖誕節,復活節
感恩節
和那些充滿金子的
基督徒的職責。

就今天填飽肚子吧
因為明天將一切闕如...
無論從地球還是天上。

雙方

用鞭子鞭打我
如此我才能感受到從小就遺忘的
另一種痛苦。
鞭笞我的身體直至流血
變得像蛇一樣,
扭曲而攪動,
血裡哀鳴安明
因為天空閃閃發光的鞭子
在蕩滌的日子不太強
使我倒向
我在他們之中的
最後一個點。
鞭打我以那死去的森林樹枝,
根還活著,
捆綁著北方的火把
衡過我的眼睛,
以那被人討厭的女人的辮子
以拂曉前熄滅的嘆息...
毫不憐憫地繼續裸奔;
石頭砸向我
壓斷我的骨頭
憤怒中割斷了我的四肢,
因為我不習慣身體上的痛苦
就如沒人能看到的痛苦
在我思緒傷痕中。
鞭打我,讓我看清
我是否值得以夢想

強行置入在世界的眉頭上
而不是王冠。

永恆

從光明到黑暗
只是一閃而過和寂靜的時刻
生命中只存在
光明與黑暗
公墓上方的天空總是充滿秘密
活生生的人無法做到這一點。
上帝的歌手和音樂家給予的和平
在休息
借貸人和貸方
他們混合了灰塵和觀點
並混在生與死的封閉圈子中
都有錢
都很勇敢
都很好
以其方幼稚而有趣
沒有債務
利益
和不信任
匆忙的旅行者停在那裡
和那些寂靜疲累的人
閉上眼睛，沒有了最後的想法
塵土製成的人們
跌落看著花從骨頭裡長出來
所有在黑幕裡行走在
墳墓裡的人
甚至會假裝死亡想念
這樣他們就可以瞭解愛他們的人

的想法
午夜
關閉墓地的大門
因為鬼魂，因為人民
因為他們彼此害怕
人怕人
只有鬼生活在永恆的愛中
哎呀你們所有人眼中都有光
緩慢而無聲地走在墓地旁

第三章：願望之鄉

願望之鄉

昏昏欲睡的一天
同樣昏昏欲睡的路
帶有胚芽的種子
成熟中
正在經歷風風雨雨
現在旅行
只剩最後一縷
乾枯
蜿蜒
似乎它的力量
沉沒在某個地方
沉沒在人類
遙遙無期的好奇心和恐懼感
似乎沉沉沒入在
愛與警惕中
似乎在破裂的
傷口下淌著血
通過下巴
直抵我們的罪過
似乎被緊收
在我們的願望之中
在兩塊石頭之間
兩晚

兩岸
大地與天空
是日昏昏欲睡

妖精的尾巴也昏昏欲睡
沉沒在問號的陰影下

我們會忘記的
在午夜和平裡
來自夢中的白
僅在休息之日
才告知...！

腳步

如外頭
姦淫時段的活動
外國人聲音和反響的力量
枯萎花圈的喃喃
我們過去的死亡
我們過去的衰敗
黏糊糊的黑穗病
被現實和夢擁
拋棄

如外頭
過去和將來的懲悔
因為粗魯的攻擊
你自己的想法
尋找我們
根源之人的哀悼
但出於以前對
世界之美的無知
反正旋轉
在洪水的摟抱中
一個男人的
　　地球
　　　和天空

如外頭
一天的光溜溜懸崖
剩餘夜晚的機翼搖擺

喪失心跳的心靈無知
安靜地
挖掘並切割吾等方向
盛開的奇特植物
分離
歷史中的受害者
光裡的自由 痛苦內煎熬
田間之種子

如外頭
假冒童話和恐懼
過去降臨的困惑
痛苦和幸災樂禍
一堆自己的骨頭
血液中膽汁氾濫
血色不再保持
到第二天早上
冰凍裡的溫暖
為明日而笑...

如外頭
白雪皚皚沙漠的單調
挨餓收拾的嚎叫
漸漸小聲
互相吞食
火山和地震帶
彼此總是相連
所以他們的作用將是
壯大且更為微小

所以他們能撼動世界
深植轟動的成功哇在胸中
打敗它
在神的憤怒中自我塑造
任何該跪下者之面前
就如在以色列王的時代

如外頭
甜言蜜語和不切實際期望
的火災、洪水和暴行
放縱和自滿
無情的奔馳達到頂峰
以期最後
一個人無法逃脫到想要的和平
卻滯留泥濘和流沙
之中
來自四面八方的無力感招
風來拯救
那不會來的一切

如外頭
關於開端的虛假傳道
和我們渴望得到的幸福盡頭
透過煙霧和灰燼我們探望
但是通過星星的美
驅白天和黑夜融合
這樣我們才能變得閃亮而堅強
在即將來臨的暴風雨中
保衛昨天

翱翔今天
並想想我們的
喜訊明日

歲數應該被加總
從每一個犁溝裡擠出來
一旦開始又繼續
從每一滴露水中分離
屈辱和抵賴的時刻
徒手列印
收集自己的糧食
乾涸的血液和痛苦的尖叫聲
無法用鹽蜂蜜或脛腿抹掉
或被忽略的短暫外觀
桌子上散發出我們
孔雀尊嚴的氣味
埋葬在今天的媚詞中
卻找出了它的意圖
有錢的無名氏
與玫瑰擺放一塊的眼睛
保險櫃底部某處
所以我們可以不用疑心潺流
在即將到來的虛假財富時刻

不用羞恥，我們應該用顏色捍衛自己
充滿了祖父的熱情
但他們的災難也很苦
我們不記得了
儘管渾身不自在

像春天裡多與的日子
一個人應該
拒絕面紗
和蒙蔽眼球上的瞳孔
長期失明後重獲視線
查看並估算兩個世界間
的距離在掌握
自然漩渦下我們
面對無法見證
自己的努力消失不見
而那是我們對於過去的經驗

評斷盲者的生命
這樣他們就不會前來敲我們的門
像野草般繁盛
在早晨的邊緣清醒
收拾買懷
的恥辱和短視
並儘可能地
從尚未污染的河流
流水中
在我們
用安靜的陽春之歌來阻止
唱歌不像囚犯
在判決和赦免之間
倒像是夏天在唱歌
當溫暖的海浪
在撲通響
或讓人可以確保

與他的孩子們綁在一起
的燃燒的夜

戀愛防犯
另一個聲音
另一面
導致流血
竊取我們關於梅斯的
所有美妙記憶
美妙的氣味和癡狂
靈魂的所有花蜜
我們經常的花園
得到充分歸檔
拆除致使我們與世界隔離
所有的邊畛
進入所有秘密的孢子
成為我們
征服它
的第一步…

結合公路和鐵路
以及來自四面八方的公路
甚至羊腸小道
和陽光
因為
生息處處
瞅望和需要
為麵包的和平與愛
柔軟的床和睡眠

言之銳敏和所為
只因
到處都已被
石頭和時間壓碎
正在磨利叛國的鋒利長矛
看似美好
對那些沉睡中醒來的人
看似邪惡對欠缺憐憫之心的人
可真所謂是不知飢餓與貧困的本質

夢只是前往
酒和麵包的一步
但是天上塵土的閃耀
和世俗尖銳頭腦和律法
是溫暖和寒冷的鏡子
藉由它每條腿都會經過
和所有領域

以及螞蟻和鳥類的世界
醜陋的美麗精靈和鬼魅
因為有數不清好與壞的入口
在這個活生生和崩潰的日子裡
唯獨一個出口
向著白天和黑夜
會擇取那翅膀
從另一解經興意
被人用血清理明天的端

森林綠化的流動

天空蔚藍
看顧所有水域和土壤
在此間我們日漸發芽
但是我們要回去
如其他一切
在我們的第一種形式
在步伐中的第一個台階上
在彩虹的第一次呼吸中
在第一次鼓翼而飛
朝向未曾經歷和未知…

擁自己的後依
野人的碎珠寶
長滿荊棘和無路可通的沙漠
沒有任何軍事的不毛之地
及其對播種犁溝和房屋的
犯罪破壞
防犯惡魔和匪徒
在男性的那種惡根
氾濫成災
在未來日出之美中
形象塑造裡
成就自己的審判價值

橫亙我們眼前的噴泉
永遠活生生像偉人的思維
看看多少顏色閃爍
在他們的扇子中
多少張圖片

在水與光的遊戲中
人們的想像力和心靈的童話
成為可獲得的
哪個餵食並澆灌我們
在每一個虛弱的時刻
世界充滿了
靈感的火花
陰影和黑暗退縮
復活陽光下的山洞裡
遠離艱難
但笑嘻嘻的臉兒
來自兒童和春天
以此展開新的早晨
和我們的幸福傾瀉

看我們面前的塵世天堂
和願望成真
的奇蹟噴流

看充滿信心的上帝
已然閉上他疲倦的眼睛…！

第四章：往者與將臨

最後一步

夜鶯給靜靜來臨的那一天。
早晨倘佯在草地上。
乾草睡著了。
烏雲密佈。
天空近了？
牧羊人死於最後的憂心。
他的羊群遠離牧場，
我沒有長笛。
世界是河岸上的一群螞蟻。

　　往哪兒去？
　　往哪兒去？

霧中的光。光中的黑暗。
閃亮的創傷。
晌午驟冷。我們沒有回報。
聯合國像鳥們。
連我們的想法都黑暗，
夢的最後意圖亦如此，
好像河流往上激流
行將到來的開始。
摯愛的海浪已經歇止。
岸哭泣。
我告訴你，在這個現實中我們並不孤單。

有人在這裡。

　　哪裡？
　　哪裡？
罪人的笑聲喚醒墳墓。
看，他們活著
在我們的血滴之間。
霜凍向土地中心遷移。
骨髓為之顫慄。
一顆流星下的冬日淨白。
一道閃光。
那些居住者幾乎不買摩天大樓。
紀念碑開跋。
鋼鐵和石頭隱而不見，
在我們身體內
沒有美好的祝福
他的和我們的話。

　　去哪兒？
　　去哪兒？
我們在沙漠中老化，
將迷失獻給天空，
伸長長的雙臂等著我們，
好像我們一直所屬的那裡..！

諸如過去與未來
被遺忘在海底的雙耳陶罐！

小麥胚芽醒來

像幾千年後的公主
保存先前一般的能力
在我們內部激起原始的覺醒
然後就在我們願望之光中被連根拔起

我們之下塞薩爾的廚房沉沒在此
帆桅和甲板融化

水手的骸骨埋在沙子裡
為過去的美好日子而哀嘆

那黃金裝飾著寶石之劍
被暴風雨吹散到世界各地
（他們的尖端失去了殺傷力）
兩個在皮雷或龐培出發的寬棚車
載滿珠寶，使現代珠寶散發出暗淡的光澤
槳帆船上奴隸們迷幻和痛苦的尖叫聲
（他們沒有排得太遠以免陷入邪惡的時代
和逃避不可避免的戰爭
無論史記中或被遺忘的）

多麼不經意地否認真理
在那災難後給人類的訊息中！

為什麼我們不能理解
當季節變換時
一再重複的事實是我們不會永遠
沉浸在我們的邪惡和貪婪中

但這就是財富和犯罪的終結
日復一日將為一切帶來新的開始
此乃非心眼或箭頭所能窺見

被遺忘在海底的雙耳陶罐！
小麥胚芽醒來
像幾千年後的公主 同樣的保存能力
在我們之間激起原始的覺醒
在我們嚮往的世界中

可不是，我們都是全新而獨一無二

孤獨

夏日流逝
鳥兒被帶到門口
我站在哪裡
從這會議結束到下個會議。

夜幕降臨額頭上
墜落的星星使
我的頭髮變得粗糙。

殘餘的一縷陽光中
思緒如露水湧入，
在那堆有趣的回憶中。

晚來的雨和
月之相之後，
我的群首去哪兒了？

哪兒？
那慾望是一陣風嗎？
那愛情是一顆石頭嗎？
那聲音只是雨水嗎
潑灑得我四周到處都是。

我的路該往何處去
彎彎的影走向何方？

幸福在漂亮女人的懷抱

還是在我
浸潤在淚水中的自由中
發生了轉移?

鳥群正在起飛

黃金編織的日子即將過去。
我呆入一人。
在永恆的夢想中
在河流的棚子裡…
沒有顏色和聲音加冕的框架!

飛行

在哪個時代應該有人萌芽
才能長存。
沒有盡頭下雪天
可以找到他的腳印。
您觸摸植物
你無法喚醒它。
你低聲說出愛的話語
他人可能不會
讓傷心延續到黎明。
渴在冰凍的河裡。
您總是在夢中
遙不可及地渴望著⋯

www.ingramcontent.com/pod-product-compliance
Lightning Source LLC
Chambersburg PA
CBHW051712090426
42736CB00013B/2670